colección lector.es
LECTURAS GRADUADAS

La suegra de Julia

EULÀLIA SOLÉ

Ejercicios didácticos
Silvia López

colección lector.es
LECTURAS GRADUADAS

Primera edición, 2009

Produce:
SGEL – Educación
Avda. Valdelaparra, 29
28108 Alcobendas (MADRID)

© **Del texto:**
Eulàlia Solé
© **De las actividades:**
Silvia López
© **De la presente edición:**
Sociedad General Española de Librería, S. A., 2009
Avda. Valdelaparra, 29 - 28108 Alcobendas (Madrid)

Diseño de colección y maquetación:
Alexandre Lourdel
Ilustraciones:
Joaquín Marín

ISBN: 978-84-9778-499-3
Depósito legal:
Printed in Spain – Impreso en España

Imprime Gráficas Rógar, S. A.

La suegra de Julia es una novela didáctica destinada a todos aquellos estudiantes adultos de español a los que les gusta leer y ya han llegado al nivel B1.

Este libro nace de la voluntad de unir dos experiencias, distintas y a la vez relacionadas. Por un lado, la de la creación literaria de Eulàlia Solé, y por otro, la de la enseñanza del español para extranjeros de Silvia López. Esperamos con ello contribuir a que los estudiantes de español puedan disfrutar de la lectura y al mismo tiempo, consolidar y ampliar sus conocimientos en la lengua española.

La novela consta de cuatro capítulos, en los cuales se va desarrollando una historia cuyos principales protagonistas son Julia y su suegra, una mujer que tiene un carácter muy especial. Con el humor siempre presente a consecuencia de las originalidades de Aurora (la suegra), el relato abarca varias décadas, desde que Julia conoce a la que será su suegra hasta que ésta ya es una anciana. Dos personalidades muy distintas que seguirán caminos familiares paralelos pero que nunca llegarán a converger.

A continuación de cada capítulo de la historia hay una selección de actividades que comprenden los contenidos temáticos que aporta la lectura y una ampliación. Tanto en la novela como en las actividades se contemplan criterios de selección gramatical y léxica para el nivel B1 que ayudarán al estudiante en su adquisición lingüística.

La suegra de Julia incluye en soporte informático la audición de la novela y cuatro capítulos de actividades variadas enfocadas a la comprensión exhaustiva del texto literario, tanto en sus aspectos léxicos como de interpretación. Los ejercicios de cada capítulo están diseñados en tres bloques: *Así lo dice el texto, Así lo sugiere el texto* y *Más datos sobre la historia*. Al final de los tres bloques se proponen algunos temas de escritura y conversación relacionados con los contenidos de la lectura. Los estudiantes podrán contrastar sus respuestas en el apartado *Soluciones a los ejercicios*.

La suegra de Julia puede ser utilizada también por el profesor de español en sus clases, para presentar en el aula temas cotidianos y culturales del ámbito hispano.

Eulàlia Solé es socióloga y escritora. Ha publicado la novela *El adiós de Ana* (2003) y el libro de relatos *Quatre fets singulars* (2008). Otros libros suyos son: *SEAT 1950-1993* (1994), *El peso de la droga* (1996), *SEAT 600, un coche de leyenda* (2001), *Qué es el Comercio Justo* (2003) y *Con y contra Suárez* (2009). Escribe artículos de opinión en los diarios *La Vanguardia* y *Avui*.

Silvia López Ripoll es filóloga y máster en Formación de Profesores de Español como Lengua Extranjera (ELE). Ejerce como profesora de español para extranjeros en el Departamento de Estudios Hispánicos de la Universitat de Barcelona desde 1993 y es coautora de los manuales de español *Con textos 1* (2005), *Y, ahora, la gramática 3* (2009), *El día a día en español* (2009), publicados en Edicions de la UB; y *Destino Erasmus 1* (2009), SGEL-Edicions de la UB.

CAPÍTULO PRIMERO

◀1   Julia guardaba un vivo recuerdo del día en que conoció a su suegra. Su futuro marido la llevó a su casa una tarde de otoño, y ☆ desde el primer momento descubrió que se encontraba frente a una mujer muy especial. Lo primero que le sorprendió de ella fue su cabello. Lo tenía largo, de color castaño, y rizado, formando tirabuzones[1]. No lo podía creer. Hacía mucho tiempo que aquel peinado no estaba de moda. Julia sólo lo había visto en películas de época, y su futura suegra era una mujer real, de carne y hueso, que vivía en pleno siglo XX.

Con el paso del tiempo, y conociéndola mejor, Julia pudo comprender lo que a su suegra le había ocurrido. La imaginó de niña, sentada ante el espejo mientras su madre la peinaba por la mañana antes de salir hacia la escuela. Por aquel entonces seguro que no resultaba raro que una colegiala llevara tirabuzones. Y seguro que su suegra, cuando era pequeña, se encontraba guapa peinada de esta manera. Así un día tras otro, pasando de la niñez a la adolescencia, y de ésta a la juventud sin darse cuenta. Si un día llevaba tirabuzones, ¿por qué no el siguiente, y el otro? ¿Qué diferencia veía en su cara entre ayer y hoy? Y así hasta casarse, ser madre, criar a su único hijo, enviudar y conocer a Julia, su futura nuera.

---

[1] *Tirabuzones*: se refiere al pelo. Son rizos largos que caen alrededor de la cabeza.

Aurora tenía cincuenta y cinco años cuando su hijo le presentó a Julia, aquella chica morena, delgada y atractiva que sin duda se convertiría en la madre de sus nietos o nietas. Aurora se había casado bastante mayor. Había pasado una infancia feliz junto a sus cuatro hermanos y sus dos hermanas gemelas, por lo que le había costado alejarse de su familia y abandonar aquella mansión en el campo. Al fin lo había hecho para casarse con un hombre de economía modesta con el cual había compartido veinte años de su vida en aquel piso pequeño, situado en la periferia de la ciudad.

—¿Qué vais a tomar? Tengo café, té, café con leche…

Aurora colocó sobre la mesa una bandeja con bizcochos y otros dulces, las tazas, las cucharillas y un azucarero… vacío.

—¡Vaya, se me olvidó comprar azúcar!… —se rió.

Sin duda, la madre del novio quería ser muy gentil el día en que su hijo le presentaba a su futura nuera, pero era evidente que Julia no podría endulzar el café. Víctor se mostraba confuso, pero a Julia le continuaban asombrando más aquellos tirabuzones que la falta de azúcar.

—Se lo pediré a María —decidió Aurora, tomando el azucarero y dirigiéndose hacia la puerta.

Salió del piso para pedir azúcar a la vecina. Ellos la oyeron hablando con María en el rellano, entre risas. Y mientras Víctor abrazaba a Julia, un poco desconcertado, ésta comentó:

—Es guapa tu madre. Y tiene buen tipo, con esa cintura tan estrecha aunque sea tan mayor.

Para Julia, que sólo contaba dieciocho años, aquella mujer era casi una vieja. No podía imaginar en aquel momento que Aurora sí llegaría a ser verdaderamente una anciana, y que entonces ella, Julia, ya mayor, todo lo vería distinto.

Lo que Julia siempre recordaría sería aquella primera visita en un piso lleno de muebles y de plantas. En estantes y mesitas de centro se amontonaban libros, jarrones y muñecos de felpa, todo entre gran cantidad de macetas grandes, medianas o peque-ñas. Resultaba difícil moverse en medio de tantos cachivaches[2], y Julia permanecía quieta en su sillón, prudente.

—Ya está oscureciendo, y comienza a hacer frío.

Aurora encendió una lámpara de pie, puso en marcha la estufa eléctrica y se acercó a la ventana para bajar la persiana. Lo hizo con energía, y con tan mala fortuna que ésta partió varias ramas de los geranios en flor, como una guillotina.

—¡Maldita sea!… Esta mañana, cuando he regado, he movido las macetas demasiado hacia dentro.

Luego rompió a reír, contemplando los pobres tallos de las plantas pegados al cristal.

Con el tiempo, Julia se fue acostumbrando a las extravagan-cias[3] de Aurora. Desde el día en que se casó con Víctor hasta el

---

[2] *Cachivaches*: objetos de todo tipo; algunos ya no sirven para nada.
[3] *Extravagancias*: acciones raras, extrañas.

resto de la vida de su suegra. Aunque también hay que señalar que cuando Aurora entró en la iglesia del brazo de su hijo, los tirabuzones habían desaparecido.

Podemos imaginar a Aurora luchando consigo misma, dudando entre la nostalgia del pasado y la tozuda realidad del presente; entre conservar la huella de una niñez llena de alegría o borrarla definitivamente. Julia le agradeció siempre, en silencio, la desaparición de aquellos largos rizos, voluntariamente sacrificados para la ceremonia de la boda.

◄2　　Como era de esperar, las extravagancias de Aurora se proyectaron en las dos hijas que Julia y Víctor tuvieron a los pocos años de casados. La primogénita, Alba, fue la que experimentó en primer lugar las originalidades de la abuela; con efectos beneficiosos, a veces, e infortunados en otras ocasiones.

Durante las tardes en que venía la abuela para jugar con ella, Alba estaba muy contenta. En parte porque Aurora no se limitaba a jugar con su nieta, sino que le contaba infinidad de historias. La sentaba en su regazo[4] y desgranaba recuerdos muy divertidos.

—¿Sabes? —le decía la abuela—, cuando mi hermano Ángel tenía cinco años quería volar como Supermán, y casi lo consigue. En el jardín había un árbol gigantesco por el cual era muy difícil trepar, pero consiguió llegar hasta arriba y, desde allí, saltó al suelo, con los brazos bien abiertos.

---

[4] *En su regazo*: sobre las piernas y rodillas.

El desenlace de la aventura nunca quedaba claro, puesto que la abuela de inmediato pasaba a contar las diabluras de sus hermanas gemelas, las menores de la parentela. Alba, como suele ocurrir con todos los niños, no se cansaba de oír una y otra vez las mismas historias. Como aquélla referida a las mellizas, las idénticas, que se intercambiaban los pendientes con los cuales tenían que diferenciarlas en la escuela o en cualquier otro lugar. De esta forma, también se intercambiaban los deberes escolares, los castigos en casa o en el colegio y, más adelante, los novios. La abuela lo contaba partiéndose de risa, mientras que Alba aplaudía con entusiasmo.

Julia se alegraba de que Alba no tuviera una hermana gemela con la que imitar tales historias, ni viviera cerca de un árbol gigante por el que trepar y lanzarse al vacío. En este aspecto no existía peligro alguno; el problema surgía por otro lado, justo cuando la abuela tenía que marcharse. Invariablemente, la pequeña se agarraba a sus piernas llorando a lágrima viva, decidida a impedir que la abuela se fuera. ¿Cómo podía renunciar a aquel mundo tan fascinante?... En este punto, Aurora optaba por una solución tan práctica para ella como irracional para la niña. Conducía a su nieta hasta una esquina de la habitación, la hacía sentar en el suelo, con las manitas cruzadas sobre las piernas, y le decía:

—Salgo a comprar unos caramelos y vuelvo en seguida.

Los ojos ingenuos veían marchar a la abuela, confiados, y luego esperaban un regreso que no se producía hasta al cabo de tres o cuatro días. Así Aurora podía bajar tranquilamente en ascensor sin tener que oír el llanto de su nieta, algo que le habría partido el corazón. El resto ya quedaba en manos de Julia o de Víctor, que en realidad no sabían cómo consolar a Alba, ni cómo disculpar el engaño de la abuela.

Julia tampoco conseguía hacer entender a su suegra que esa forma de despedirse era contraria a la más elemental pedagogía. Aurora hacía siempre lo que quería, y la pequeña Alba tuvo que vivir esta experiencia algunas veces más. Como la inocencia de los niños muy pequeños es enorme, siempre creía en las palabras de la abuela.

Con el nacimiento de Susana, ya fueron dos a compartir las ocurrencias[5] de la abuela. Sus cuentos sobre vampiros, por ejemplo, les gustaban a ambas por igual, sin que sintieran el menor escalofrío ni jamás tuvieran miedo. Algún gen especial compartían con ella, aquél que les permitía comer con buen apetito mientras la abuela les contaba la leyenda del conde Drácula, el que chupaba la sangre de las niñas con carita de rosa hasta dejarlas marchitas y escuálidas como espárragos silvestres.

Otro personaje al que Alba y Susana adoraban era el doctor Frankenstein, monstruo incomprendido, bueno e inofensivo impulsado a matar a una niña en el río, entre flores, sólo por la maldad de los hombres. Cuando Alba comenzó a ir a la escuela y su hermana lo hizo al año siguiente, Julia experimentó un gran alivio[6]. En igual medida, Aurora perdió una incomparable fuente de distracción. Las visitas a casa de su hijo ya no fueron tan frecuentes, de forma que las pequeñas pudieron ser sustraídas en

---

[5] *Ocurrencias*: ideas inesperadas, raras.
[6] *Un gran alivio*: un gran descanso.

parte del influjo de la abuela. Sin embargo, Aurora sabía encontrar en la vida otros alicientes[7].

---

[7] *Alicientes*: actividades interesantes.

A continuación aparece una pequeña selección de las actividades que pertenecen a los apartados *Así lo dice el texto, Así lo sugiere el texto, Más datos sobre la historia*, que encontrará en el soporte informático. Le recomendamos hacer todos los ejercicios variados que allí se proponen. También podrá contrastar sus respuestas en el solucionario.

1. COMPRENSIÓN DE LA LECTURA

A) Completar el texto que resume parte de la historia del capítulo.

Víctor y Julia se conocieron muy jóvenes, ella tenía dieciocho años y él contaba diecinueve. Pronto empezaron a salir juntos y al cabo de poco tiempo se hicieron novios. Un día, Víctor presentó a su madre y a su novia. Julia siempre recordaría aquella primera visita a la casa de su (1)_____, que se llamaba Aurora. A Julia, aquella mujer le pareció guapa, con buen (2)_____, aunque le sorprendió mucho el (3)_____ que llevaba. Aurora, una mujer de cincuenta y cinco años, ¡llevaba tirabuzones! Esa forma de peinarse era antigua; Julia sólo había visto aquellos tirabuzones en las (4)_____ de época.

¿Por qué se peinaba así su suegra? En aquella primera visita, mientras Julia miraba a su suegra, pensaba que esa forma de peinarse debía de ser una costumbre que había tenido desde la niñez. Si cuando era niña se peinaba así, ¿por qué no también durante la siguiente etapa, la (5)_____, y durante la siguiente, la (6)_____, y después durante la madurez? Julia trataba de buscar alguna justificación en aquellos rizos pasados de moda.

Víctor no tenía hermanos, era hijo (7)_____, y su padre había muerto. Aurora, a pesar de ser una mujer viuda, era una mujer alegre y divertida. Julia poco a poco fue acostumbrándose a ella.

Otra cosa que sorprendió a Julia en aquella primera visita fue la cantidad de cosas que había por todo el piso de su suegra. Todo estaba lleno de (8)_____, objetos inútiles, o al menos eso le parecían a Julia.

B) Otras preguntas sobre el texto.

1. El día de la primera visita, ¿qué les ofreció tomar Aurora a Víctor y a Julia?
2. ¿Por qué no había azúcar?
3. ¿Dónde fue Aurora a buscar el azúcar?
4. ¿Qué objetos se amontonaban en el piso?
5. ¿Qué hizo Aurora cuando el día empezó a oscurecer?
6. ¿En qué momento desaparecieron los tirabuzones de Aurora?
7. ¿Cuánto tiempo tardaron Víctor y Julia en tener a sus dos hijas?

C) ¿Con qué adjetivos calificaría a Aurora? ¿Y a Julia? ¿Y a Víctor?

D) Estas expresiones son algunas de las que aparecen en la novela. Completar con ellas los huecos de las frases, conjugando los verbos (cuando los haya) en pasado.

Películas de época	En su regazo
Llorar a lágrima viva	Tener buen tipo

1. Julia pensaba que su suegra, a pesar de ser mayor, _____: cintura estrecha, buen aspecto en general; excepto los tirabuzones.

2. Cuando Aurora se despedía de su nieta Alba, ésta se quedaba muy disgustada y siempre _____ porque no quería que su abuela se marchara.

3. Aurora solía sentar a sus nietas _____, las sentaba sobre sus piernas y sobre sus rodillas para explicarles infinidad de historias y recuerdos. Las nietas se divertían mucho con aquellas narraciones.

4. Las _____ son aquéllas que están ambientadas en alguna época del pasado, y normalmente tienen algún ingrediente romántico. Por ejemplo, este clásico: «Lo que el viento se llevó» (*Gone with the wind*).

2. LA FOTO DE LA BODA. Escribir estas palabras en el lugar adecuado del texto.

vestido de novia	sacerdote	invitados	pareja	iglesia
cola	joyas	pasillo	familiares	marcha nupcial

Julia encontró la foto mientras ordenaba papeles en el estudio de su casa. Ella y Víctor saliendo de la iglesia, puntitos blancos de arroz flotando en el aire y una mano abierta en la parte derecha de la imagen.

Víctor y Julia se habían casado por la iglesia. Habían preparado todo según la tradición. Primero, un año de preparativos: buscar una iglesia, hacer la lista de (1)_____, enviar las invitaciones para la boda, encontrar un restaurante para la fiesta, buscar a los padrinos de boda, comprar el (2)_____ y el traje de novio…

Se casaron en septiembre, al atardecer. Y por suerte, aquel día hacía sol, también hacía calor. El primero en llegar a la (3)_____ fue Víctor, acompañado de su madre. Aurora se había alisado el pelo. Estaba realmente diferente. Llevaba un vestido largo, de color morado, ligeramente brillante. Estaba guapa, parecía más joven. Víctor llevaba un traje negro y una camisa de seda blanca y azul que combinaba bien con la corbata azul celeste.

—¿Ya lo has pensado bien?— bromeó Tomás dirigiéndose a su amigo Víctor.

Los invitados, amigos y (4)_____ ya hacía un rato que esperaban en la puerta de la iglesia. Todos lucían trajes elegantes, vestidos pensados para ese día y que difícilmente podrían ponerse a menudo. No faltaba nadie. El padre de Víctor, que había fallecido hacía unos años, estaba presente en el recuerdo, así como otras personas a las que el destino no les había permitido asistir al evento.

—¡Ahí llega la novia!— decían al ver salir a Julia de un coche muy adornado con flores.

Era el momento más esperado. Todos querían ver el vestido y el peinado que Julia había elegido para aquel día. Ni Víctor ni la mayoría de los invitados había visto antes el vestido. Llevaba un vestido largo de color crudo, casi blanco, con una larga (5)_____ que arrastraba por el suelo. El vestido dejaba ver su cuello descubierto, sin (6)_____. Julia había preferido ponerse sólo dos pendientes de oro, le parecía que el vestido ya tenía bastantes adornos. El cabello, recogido hacia atrás, la hacía parecer aún más joven, y los zapatos de tacón le daban un aspecto muy elegante. Aquellos malditos zapatos de tacón le molestaban, pero aún podría aguantar unas horas sin quitárselos.

—¡Qué guapa está la novia!— gritó uno de los invitados.

—No sólo *está* guapa, es que *es* guapa, mi hija— le contestó el padre de Julia con cara de felicidad.

Todos entraron en la iglesia, que estaba adornada con muchas flores blancas y plantas verdes. Víctor y su madre esperaban a Julia frente al altar. Julia, cogida del brazo de su padre, entró por el (7)_____ central mientras un músico tocaba la tradicional (8)_____.

Después, silencio. El (9)_____ dirigió la misa y al llegar el momento para el que todos se habían reunido, los novios pronunciaron las palabras que tendrían que durar para siempre:

—Sí, quiero.

Cuando la (10)_____ salió de la iglesia, ya convertidos en un matrimonio, empezó a llover arroz. Julia miraba la foto. ¿De quién podía ser aquella mano que se veía en la parte derecha de la imagen? Mientras lo pensaba, guardó la foto y siguió ordenando los papeles del estudio.

CAPÍTULO SEGUNDO

◀3   Para Aurora, sentarse en un banco del parque y leer un buen libro era un placer. En invierno buscaba el sol, en verano prefería la sombra. Las hojas de los árboles susurraban con el viento y a la vez le daban aire. Eran como muchos abanicos juntos. Antes de abrir el libro, Aurora observaba las flores, los diferentes verdes de las plantas, el gran lago a lo lejos, con algunas barcas flotando lentamente. También le gustaba oír el canto de los pájaros durante un rato, antes de concentrarse en la lectura.

—¿Qué haces tú por aquí?

Aurora, al oír la voz masculina, levantó la cabeza y sus ojos se encontraron con los de Javier. Era un hombre más bien regordete, aunque alto y bien plantado[1]. Se conocían de la cafetería donde algunas mañanas Aurora iba a desayunar, cuando no tenía ganas de prepararse el desayuno en casa. A veces le daba pereza hacerse el café con leche y las tostadas.

—Pues sí, ya lo ves. Estoy leyendo en la tranquilidad del parque.

—¿Puedo sentarme a tu lado?

—Claro que sí.

---

[1] *Bien plantado*: con buena figura, bien proporcionado.

Aurora sabía que Javier tenía ciertas intenciones... que quería casarse con ella. Él también era viudo, y no tenía hijos. Javier sí solía desayunar todos los días en la cafetería y Aurora notaba que aquel hombre se alegraba cada vez que la veía entrar. Javier se ponía en pie, le ofrecía sentarse con él a su mesa y luego charlaban un buen rato mientras ella comía su *croissant* mojado en una taza de chocolate.

Ahora, al aire libre y sentados en aquel banco, Javier tenía un aspecto distinto. Aurora lo encontraba más viejo. ¿También él la veía más vieja?

—¿Por qué estás leyendo en este sitio? —preguntó Javier. —¿No estarías más cómoda en casa, en tu sofá?

Aurora observó a Javier con desagrado. Con un hombre que no podía apreciar el placer de leer a plena luz, entre la vegetación, lejos del ruido de la gran ciudad, no se llevaría nunca bien, jamás podrían tener una buena conversación.

—En casa y en el sofá me quedo cuando hace frío, llueve y hay tormenta. Yo no soy como un topo[2], que se pasa la vida bajo tierra. Y además, yo hago lo que quiero.

Javier, ante esa respuesta, se quedó en silencio. Por su parte, Aurora se alegró al ver la confusión de él. Abrió el libro de nuevo y fingió que le ignoraba. Era su forma de decirle que no deseaba hablar con él. Al fin, el hombre se levantó, desanimado.

—Bueno, no te molesto más. Me marcho.

---

[2] *Topo*: es un animal mamífero que vive bajo tierra, sus ojos están cerrados, casi no puede ver. Una persona es «como un topo» cuando pasa mucho tiempo en su casa, sin salir a la calle.

—¡Que vaya bien, buen hombre!… —le despidió, con ironía.

Aurora decidió que tendría que cambiar de cafetería para no volver a encontrarse con Javier. ¡Qué aburrido era!, pensó. Con hombres así nunca podría encontrar un segundo marido. Y además, tampoco lo buscaba. Seguramente, en aquel momento Javier estaba pensando que nunca se casaría con una mujer como ella, pero eso a Aurora no le importaba en absoluto.

Al cabo de un rato, Aurora cerró el libro y empezó a andar hacia su casa. Tenía que llamar por teléfono a su hijo para quedar para el día siguiente. Sería sábado y querían salir de excursión con las niñas y con Julia. En opinión de Aurora, su nuera era un poco pánfila[3] y demasiado reservada. Hablaba poco y, cuando lo hacía, nunca contaba sus problemas. Por eso resultaba imposible enfadarse con Julia, cosa que a Aurora le fastidiaba bastante. A ella le gustaban las discusiones.

◄4 Aquel sábado amaneció soleado. Aurora se acercó a su mesita de noche, cogió una caja pequeña, la abrió y sacó un par de pequeñas joyas, unas pulseras de oro. Con una sonrisa, las guardó en su bolso. Y en aquel momento, Víctor llamó al timbre de la puerta. Aurora abrió, se puso la chaqueta y ambos tomaron el ascensor.

El automóvil estaba aparcado junto a la acera, con Julia en el asiento del copiloto y las dos niñas en la parte de atrás. Alba y Susana recibieron a la abuela con entusiasmo, dejándole sitio para que se sentara entre las dos. A partir de este momento

---

[3] *Pánfila*: con poca energía, demasiado tranquila.

comenzaron las risas y los chillidos, de forma que el fondo del automóvil parecía un gallinero. Víctor y Julia, mirándose el uno al otro, se alegraron de haber elegido un lugar cercano para ir de excursión. Afortunadamente, el viaje no sería muy largo.

Víctor paró el coche cerca de un bosque, abrió las puertas y tanto la abuela como las nietas salieron como pájaros librados de la jaula. En seguida las tres echaron a correr hasta desaparecer entre los árboles.

—¡Comeremos a las dos!... —avisó Víctor. Luego observó a Julia con impotencia, y los dos se comprendieron con la mirada.

Ya en el interior del bosque, mientras las niñas jugaban, Aurora buscaba algo. Después de tocar varios árboles de arriba abajo encontró precisamente lo que necesitaba. Un espacio dentro de un tronco que era perfecto para esconder las pulseras que llevaba en su bolso.

—¡Niñas, niñas!... ¿dónde estáis?

Alba y Susana llegaron rápidamente a donde estaba la abuela. Y Aurora las vio acercarse como pequeños animales salvajes.

—Venid conmigo. Acabo de descubrir un lugar donde viven las hadas. Esas princesas mágicas que tienen alas y vuelan…

—¡Las hadas no existen! —la interrumpió Alba—. Sólo están en los cuentos.

—¡Cómo que no!... Aquí hay hadas, y guardan regalos para las niñas que saben encontrarlos.

—¿Dónde hay que buscar, abuela? —preguntó Susana, con ilusión.

—Quizás están entre las plantas… No, no, mejor en el tronco de algún árbol muy grande.

Aurora miraba feliz cómo sus nietas se dedicaban a buscar entre la corteza de los árboles, cómo poco a poco se acercaban donde ella había escondido las pulseras de oro.

—¡Aquí hay alguna cosa!… —gritó Alba de pronto—. Ven, Susana, mira…, es algo dorado, brilla mucho. Pon la mano aquí. La mía es muy grande, y yo no puedo cogerlo.

Susana introdujo su pequeña mano en el interior del árbol, y cuando la sacó sostenía entre los dedos dos pulseras que brillaban con los rayos de sol.

—¡Oh!… —exclamaron las dos niñas a la vez, sorprendidas, contemplando a la abuela con admiración.

—¿Qué, existen o no, las hadas?

Sin perder tiempo en responder, Alba y Susana echaron a correr hacia la salida del bosque.

—¡Mamá, papá, mirad qué nos han regalado las hadas!…

Mostraron las dos pulseras a sus padres mientras Aurora llegaba junto a ellos, triunfante.

—¿Son de oro, papá? —preguntó Susana—. Estaban dentro de un árbol enorme. Es un bosque mágico, de verdad que lo es.

—Ahora os las tenéis que poner —intervino Aurora—. Dame tu mano, Susana… Y ahora tú, Alba.

Las dos pulseras quedaron colocadas en las respectivas muñecas de las niñas, que aún se las miraban con asombro. Eran un regalo de las hadas. Y ni Víctor ni Julia tenían nada que decir. No tenían derecho a romper el encanto.

Los años pasaban demasiado rápido. Alba y Susana se convirtieron en dos chicas adolescentes. De la escuela habían pasado al instituto[4], y de éste, a la universidad. Aurora las veía menos de lo que ella deseaba, aunque Víctor y Julia la invitaban a comer al menos una vez por semana. Tanto su hijo como su nuera empezaban a tener algunos cabellos blancos, mientras que las chicas estaban cada día más guapas. En cuanto a Aurora, continuaba tiñéndose el cabello en casa, como siempre. El pelo le llegaba hasta los hombros, y el gran flequillo le tapaba la frente. Las semanas pasaban insensiblemente, una tras otra, hasta que de pronto Aurora comenzó a sentirse mal.

Y lo cierto es que para Julia, la enfermedad de su suegra sería más una anécdota que un problema.

---

[4] *Instituto*: la escuela secundaria.

A continuación aparece una pequeña selección de las actividades
que pertenecen a los apartados *Así lo dice el texto, Así lo sugiere
el texto, Más datos sobre la historia*, que encontrará en el soporte
informático. Le recomendamos hacer todos los ejercicios variados que allí
se proponen. También podrá contrastar sus respuestas en el solucionario.

1. COMPRENSIÓN DE LA LECTURA

A) **En la primera parte de este capítulo, las nietas de Aurora
todavía son pequeñas. Releer esta primera parte para
encontrar la palabra que falta en los huecos.**

a. ¿Qué le gusta hacer a Aurora en el parque?

- _____ un buen libro.

- Notar el viento y escuchar el sonido de las _____ de los árboles
moviéndose como muchos abanicos juntos.

- _____ las flores y las plantas, el lago y las barcas.

- _____ el canto de los pájaros.

b. Javier encuentra a Aurora en el parque. ¿Dónde se conocieron?

- En un lugar cerrado, en una _____ donde Javier desayunaba
todos los días. Aurora solía ir allí algunas mañanas, cuando no tenía
ganas de prepararse el _____.

c. Aurora sabe que Javier quiere _____ con ella, el hombre
tiene intenciones matrimoniales. Javier no tiene hijos y también es
_____ porque su mujer murió.

d. Aurora y Javier tienen sensibilidades muy diferentes. Javier no comprende
por qué a Aurora le gusta leer a _____ luz, por ejemplo. En opinión
de Aurora, Javier es un hombre muy _____.

e. Aurora no quiere conversar con Javier y por eso le contesta con desagrado
y se pone de nuevo a leer el libro, o a aparentar que lee. Al final, el hombre
se marcha, muy _____.

f. Con hombres como Javier, Aurora nunca encontraría un _____
marido. Pero tampoco lo busca.

g. Después de leer un rato, Aurora se va a su _____ para llamar por teléfono a su hijo Víctor. Tienen que _____ (*decidir la hora y el lugar*) para ir de excursión al día siguiente.

h. El sábado por la mañana, Aurora coge dos _____ de oro que están en una caja pequeña encima de su mesita de noche. Quiere regalárselas a sus _____.

i. El sábado, todos se van de _____ a un bosque que está cerca de la ciudad. Durante el trayecto en coche, Aurora y las niñas hacen mucho ruido, se ríen, chillan. Cuando Víctor aparca el coche, la abuela y las nietas salen corriendo hacia el bosque como pájaros que se escapan de una

_____.

j. En el bosque, la abuela esconde las pequeñas pulseras en un tronco de un _____, y les dice a las niñas que aquel bosque es mágico y que allí viven las _____, princesas mágicas. Si las niñas buscan bien, encontrarán regalos.

k. Las niñas encuentran las pulseras de _____, están muy contentas y al mismo tiempo sorprendidas. La abuela está muy feliz y los padres no pueden protestar y no pueden decir que el regalo es de la abuela, porque las niñas piensan que el bosque es mágico.

B) **En la segunda parte de este capítulo han pasado los años. Las niñas ya son adolescentes. Releer esta segunda parte para encontrar la palabra que falta en los huecos.**

a. Susana y Alba terminaron la escuela, pasaron al _____ y ahora estudian en la universidad.

b. De pronto, Aurora, ya mayor, empezó a _____ mal, se puso enferma.

c. La enfermedad de Aurora no fue un _____ demasiado importante para su nuera Julia.

2. AURORA PARECE TENER BASTANTE TIEMPO LIBRE PORQUE... ¿está jubilada?, ¿está de vacaciones?, ¿está en paro?, ¿está de baja? Completar las frases con estas expresiones en el lugar correspondiente.

estar jubilado/a	estar de vacaciones
estar en paro	estar de baja

a. Una persona _____ cuando tiene unos días para descansar antes de volver a su trabajo. En verano, mucha gente española descansa dos o tres semanas, quizá un mes.

b. Una persona _____ cuando ya no trabaja porque es mayor. Recibe una pensión o ayuda económica del gobierno todos los meses.

c. Una persona _____ cuando no tiene trabajo temporalmente. Mientras busca otro trabajo, recibe el subsidio de desempleo.

d. Una persona _____ cuando no puede ir a trabajar temporalmente porque está enferma. La persona tiene que presentar en su empresa un documento firmado por el médico.

3. TIEMPO LIBRE. Completar este texto con las palabras del recuadro en el lugar adecuado.

tomar	aficiones	nadar	coleccionar	cartas
esquiar	descansar	adornar	ocio	arreglar
tocar	ahorrar	leer	practicar	película

«Para Aurora, sentarse en un banco del parque y leer un buen libro era un placer». Cuando nos preguntan qué nos gusta hacer en nuestro tiempo libre, las respuestas son muy variadas, todo depende de nuestras (1)_____ si las tenemos, de nuestra situación personal en aquel momento, de si preferimos actividades tranquilas o movidas. Podemos (2)_____ en el sofá o dormir. Podemos (3)_____ un buen libro, ver una (4)_____ en el cine o en el DVD, podemos salir de excursión a la montaña, solos o acompañados, (5)_____ deportes (jugar al fútbol, jugar al tenis, jugar al baloncesto, al ajedrez, a hockey...), (6)_____ en la piscina o en el mar, (7)_____ el sol, (8)_____ en las montañas nevadas, jugar a las (9)_____, coser, charlar con amigos, salir a cenar fuera, (10)_____ sellos, apuntarnos a un curso de idiomas, de baile, de teatro para amateurs, escribir... O hacer fotografías, o (11)_____ algún instrumento (la guitarra, el piano, la flauta, el saxo, el violín, la trompeta...), o viajar. Todas estas actividades tienen que ver con el placer, con disfrutar de la vida, con pasarlo bien.

Hay otras actividades de tiempo libre, sin embargo, que también hacemos por intereses y motivos diferentes: por necesidad, por (12)_____ algo de dinero, por experimentar, por comunicar. ¿Alguien no ha intentado a veces (13)_____ un armario estropeado de casa para no pagar a un carpintero? ¿Alguien no ha preparado alguna vez un plato de comida especial para experimentar algo nuevo? ¿Alguien no ha comprado flores alguna vez para (14)_____ su casa? ¿Alguien no ha cosido alguna vez un botón de su camisa preferida?

Podríamos hablar de las aficiones propias de cada profesión, de cada edad, en definitiva, de las diferentes formas de sentir y entender la vida. Podríamos hablar también de cómo organizar nuestro (15)_____, o si preferimos que nos lo organicen...

CAPÍTULO TERCERO

◀5 Cuando Aurora se sintió enferma y tuvo que ir al médico, Víctor no pudo llevarla porque estaba de viaje por cuestiones de trabajo. Así pues, Julia la acompañó. Y que nadie imagine a Aurora como una mujer mayor, cansada y marchita. La propia Julia se quedó asombrada al ver cómo su suegra se ponía colorada como una niña al quitarse la ropa delante del doctor, mostrando unos brazos tersos y unas piernas firmes. La piel del cuerpo era suave, y apenas tenía arrugas en la cara. Con el gran flequillo hasta las cejas, los ojos vivaces, las pestañas largas, Aurora escuchó tranquila lo que el médico le decía. Su dolencia no era grave, pero tendrían que operarla.

Cuando Aurora acudió a la consulta del cirujano, también era Julia la que estaba a su lado. Y aunque hacía muchos años que conocía a su suegra, aquel día descubrió otros aspectos de su personalidad.

—¿Dónde nació usted? —preguntó la enfermera, sentada delante del ordenador. Tenía que llenar su ficha y se quedó esperando a que Aurora contestara. No obstante, ésta dudaba.

—Pues no sé exactamente dónde nací, porque tengo dos carnés de identidad —dijo por fin.

—¿Y cómo puede ser eso?… —se sorprendió la mujer.

—Es que mi padre me inscribió en dos lugares distintos. Era telegrafista, ¿sabe?, y fue el primero que llevó el telégrafo a la isla de El Hierro, en Las Canarias.

Era evidente que Aurora estaba orgullosa de su progenitor. Después de una corta pausa, continuó:

—Yo creo que nací en El Hierro, en mitad del océano Atlántico, ¡en aquella época!... Pero luego me inscribió en Murcia, cuando lo trasladaron allí. Eso era más normal.

La enfermera miró a Julia, pero ésta se encogió de hombros. Estaba tan sorprendida como ella y no entendía por qué Aurora había estado usando dos documentos a la vez.

—Bueno, pondremos Murcia —decidió la mujer, con un suspiro—. ¿Y qué edad tiene usted?

—Pues no estoy segura, depende del carné.

A Julia comenzaba a entrarle la risa, pero la enfermera se impacientaba. Había otros enfermos en la sala de espera y el cirujano aún tenía que visitar a Aurora.

—Creo que las niñas (se refería a sus hermanas mellizas) tienen ahora sesenta años... Así que yo debo de tener setenta y dos —calculó Aurora.

—¿Me deja su carné? El de Murcia, por favor —solicitó la enfermera, que comenzaba a sudar dentro de su bata blanca.

Aurora se lo dio, con un principio de mal humor.

—Bueno, señora Claudia...

—¿Cómo?... —exclamó Julia, atónita[1]. Aquello ya era demasiado.

Aurora se echó a reír, muy divertida.

—Sí, en los carnés pone Claudia, pero como a mi madre no le gustaba este nombre, desde pequeña me han llamado Aurora. Por eso siempre firmo Aurora.

La mujer dejó de teclear en el ordenador, desesperada.

—¿Sabe usted que con todo este lío le sería imposible cobrar una herencia[2]? —le advirtió.

Aurora rompió a reír. Y mirando a su nuera, exclamó:

—¡Pero qué tonterías dice esta chica!... ¡Si yo no espero ninguna herencia!...

Julia se puso en pie, sonrió a la enfermera, tomó a su suegra del brazo y ambas entraron en el despacho del cirujano. Con un nombre u otro, él tendría que operarla.

6◀ Al poco tiempo, Aurora ingresó en la clínica acompañada de Víctor y de Julia. Ésta ya estaba curada de espantos[3], y cuando fue necesario rellenar otra ficha, se lo tomó con calma[4]. Esta vez fue Víctor quien no entendía nada. Tampoco él conocía a fondo a su madre. Lo más divertido para Julia fue oír cómo su suegra

---

[1] *Atónita*: muy sorprendida.
[2] *Herencia*: lo que se recibe de un familiar que ha muerto; por ejemplo, dinero, una casa...
[3] *Estaba curada de espantos*: ya no se sorprendía de nada.
[4] *Se lo tomó con calma*: reaccionó tranquilamente, con mucha paciencia.

mentía sobre su edad, de forma que llegó a la sala de operaciones con sesenta y nueve años, tres menos de los que había anotado la enfermera unas semanas antes.

Entró en el quirófano con el cabello y el cuerpo oliendo a rosas. No llevaba ninguna joya, pero se había pintado las uñas con esmalte rojo. Esto impedía a los médicos comprobar el color que las uñas tomaban a lo largo de la operación. Aunque no era una intervención complicada y no tendría que permanecer ingresada en el hospital, aquel capricho complicaba las cosas.

—¡Qué presumida!... —murmuró una enfermera mientras le quitaba el esmalte de las uñas—. Se nota que es una mujer muy especial.

Muy especial. Sí, en eso estaban de acuerdo tanto Víctor como Julia. Luego todo salió a la perfección. Aurora regresó a su casa aquella misma noche y a los pocos días ya hacía vida normal. Su hijo y su nuera solían comer con ella cada domingo. A veces también estaban Alba y Susana, si no tenían que estudiar o no habían quedado para salir con sus amigos y amigas.

Una escena habitual era la de un mediodía cálido, con el sol entrando por la ventana de la cocina mientras Aurora preparaba la comida. Julia solía ayudarla, y entonces tenía que ver el sistema que su suegra empleaba para enfriar la botella de vino.

Aurora abría el grifo y colocaba la botella en el fregadero, debajo del chorro de agua fría. Justo al lado había un frigorífico bastante grande, pero Aurora prefería seguir haciendo lo que había aprendido de niña. Julia se ponía nerviosa al ver cómo su suegra derrochaba el agua.

—Si usted pusiera el vino en el frigorífico, estaría más frío y no gastaría tal cantidad de agua.

Aurora la miró con incredulidad[5], mientras iba rebozando los filetes de carne con huevo y pan rallado.

—¡Pero qué dices!… El vino no debe estar frío, sino fresco. Al sentarnos a comer estará en su punto. Ya lo sabes de otras veces.

—Sí, claro, pero cada vez llueve menos y pronto faltará agua —observó Julia.

—¡Qué tontería!… Los pantanos no se secarán por esta poca agua que yo gasto.

En el comedor, Víctor estaba poniendo el mantel en la mesa mientras oía la conversación entre su madre y Julia. Luego entró en la cocina, abrió el cajón de los cubiertos y cogió los que necesitaban.

—Mamá, el sol está cayendo justo encima de la botella. ¿Tú crees que es lógico lo que haces?

—¡Por Dios, qué pesados estáis los dos!… No pienso meter el vino en la nevera, ¿está claro?

Julia, como en otras ocasiones, acabó echándose a reír. Porque con aquella ocurrencia, su suegra no sólo gastaba agua sin

---

[5] *Con incredulidad*: sin creer lo que Aurora decía.

necesidad, sino que intentaba enfriar lo que el sol estaba calentando. Además, el chorro del grifo saltaba sobre el vidrio de la botella y salpicaba todo alrededor. Mojaba un costado del frigorífico, la encimera, los fogones de la cocina e incluso la sartén donde Aurora estaba friendo la carne.

—¿Y tú de qué te ríes? —se indignó Aurora.

Julia sabía que a su suegra le habría encantado iniciar una discusión, pero ella no estaba dispuesta a darle ese gusto. Sin una palabra más, salió de la cocina, y con una sonrisa en los labios se acercó a Víctor, que estaba colocando las copas de cristal sobre la mesa.

—Bueno —le dijo, con cariño—, es una de las muchas contradicciones de tu madre. Ella no puede ser de otra manera.

Víctor la besó en los labios. La quería, pero además le agradecía de todo corazón que nunca entrara en guerra con su madre. Agradecía a Julia la infinita paciencia que había tenido a lo largo de los años. Desde el día en que ambas se conocieron, cuando Víctor llevó a Julia a su casa y Aurora tuvo que pedir azúcar a una vecina. Reconocía la paciencia de Julia cuando sus hijas eran pequeñas y la abuela les metía ideas extrañas en la cabeza. Y la paciencia actual, mientras Aurora iba envejeciendo sin abandonar sus rarezas.

Ciertamente, Aurora iba avanzando hacia la ancianidad. De entre todos sus hermanos, ella era la única superviviente. Incluso las mellizas, que tenían bastantes años menos que Aurora, habían fallecido[6]. Ella las había llamado «las niñas» hasta el último momento, cuando ya habían cumplido ochenta años. Pero ahora ya no estaban. Ya no quedaba nada de aquella infancia y juventud doradas que Aurora siempre recordaba con nostalgia.

Pasaron algunos años más hasta que Aurora murió de vieja. Y Julia tuvo que preguntarse si realmente su suegra aceptó la muerte de la forma en que le vino.

---

[6] *Habían fallecido*: habían muerto.

A continuación aparece una pequeña selección de las actividades que pertenecen a los apartados *Así lo dice el texto, Así lo sugiere el texto, Más datos sobre la historia*, que encontrará en el soporte informático. Le recomendamos hacer todos los ejercicios variados que allí se proponen. También podrá contrastar sus respuestas en el solucionario.

1. COMPRENSIÓN DE LA LECTURA

A) Ordenar (1, 2, 3…) los acontecimientos de la primera parte del capítulo.

a. ☐ Una vez en la consulta del cirujano, la enfermera hizo algunas preguntas a Aurora para rellenar un formulario.

b. ☐ 1 Aurora empezó a encontrarse mal y tuvo que ir al médico.

c. ☐ Al poco tiempo, Aurora ingresó en la clínica para ser operada.

d. ☐ Como Víctor estaba de viaje, Julia tuvo que acompañar a su suegra al médico.

e. ☐ Al contestar las preguntas del formulario, Julia y la enfermera descubrieron que Aurora se llamaba en realidad Claudia, y que había nacido en la isla de El Hierro, en Las Canarias, y no en Murcia, como constaba en uno de sus documentos de identidad.

f. ☐ La operación fue muy bien y Aurora volvió a su casa aquella misma noche. A los pocos días, ya hacía vida normal.

g. ☐ Después de rellenar el formulario, Aurora y su nuera entraron en el despacho del cirujano. Aurora tendría que ser operada.

h. ☐ La enfermera advirtió a Aurora de que tener doble documentación podría ocasionarle problemas para recibir alguna herencia; esto hizo reír a Aurora.

B) Releer la primera parte del capítulo para completar las frases.

a. Cuando Aurora se puso enferma, no tenía mal aspecto. Al ser examinada por el doctor, mostraba unos brazos _____ y unas piernas _____. La piel del cuerpo era _____ y apenas tenía _____ en la cara.

b. La profesión del padre de Aurora era _____, fue el primero que llevó el telégrafo a la isla de El Hierro, en Las Canarias.

c. Aurora tenía dos documentos de identidad porque su padre la _____ en dos lugares distintos: la isla de El Hierro y Murcia, donde se trasladó a vivir la familia.

C) Completar este resumen de la segunda parte del capítulo con las palabras que se ofrecen en el recuadro.

derrochaba / malgastaba	grifo	discutir	nevera
enfriar	anciana	calentar	rarezas

En la segunda parte del capítulo se describe una escena habitual en la casa de Aurora: un mediodía cálido, con el sol entrando por la ventana mientras la protagonista preparaba la comida.

Aurora tenía una extraña costumbre para (1)_____ la botella de vino; en lugar de ponerla en la (2)_____, prefería abrir el (3)_____ y colocar la botella debajo del chorro de agua fría porque así, según ella, el vino estaría fresco y no frío. Julia, claro, se ponía nerviosa al ver cómo su suegra (4)_____ el agua.

Inmediatamente después, el sol que entraba por la ventana volvía a (5)_____ el vino de la botella, algo que a Víctor y a Julia les parecía una contradicción.

Julia y Víctor se sonreían entre ellos, y aceptaban las (6)_____ de Aurora sin (7)_____ con ella. Pensaban que no podrían cambiar la forma de ser de Aurora, ni su forma de hacer las cosas.

El tiempo pasaba y Aurora se hacía muy mayor. Finalmente murió porque ya era muy (8)_____.

2. Aurora, cuando se sintió enferma, fue a una clínica privada donde le diagnosticaron un problema poco importante, aunque tuvo que ser operada. A continuación, aparecen los síntomas de unas enfermedades o dolencias muy comunes. ¿Cuáles son? Completar los huecos de las frases, como en el ejemplo.

resfriado	estar afónico/a	tortícolis	alergia
esguince	gripe	agujetas	indigestión

a. Hoy no me encuentro muy bien. Me he levantado con dolor de cabeza y me duele todo el cuerpo. Estoy cansadísimo y no paro de estornudar. Además, tengo fiebre. He ido al médico y me ha dicho que tengo la _gripe_.

b. Tengo tos, estornudo y me duele un poco la cabeza, pero no tengo fiebre. Creo que he cogido un _____.

c. Ayer me levanté con todo el cuello lleno de manchas rojas. No sé qué me pasa, creo que tengo una _____. Claro, es que estamos en primavera.

d. Lo siento, no puedo hablar muy alto porque no tengo voz suficiente. Estoy _____.

e. Me duele el estómago, algo me ha sentado mal y creo que tengo una _____.

f. He dormido mal y me duele mucho el cuello. No puedo girar bien la cabeza. Tengo _____.

g. Esta tarde me he caído por las escaleras y me he torcido el tobillo. Tengo un _____ en el tobillo y por eso me cuesta caminar.

h. Ayer fui de excursión a la montaña y caminé muchísimo. Hoy me duele todo el cuerpo, tengo _____ porque no estoy acostumbrado a hacer tanto ejercicio.

3. **IR AL MÉDICO.** Completar el siguiente texto con las palabras del recuadro en el lugar adecuado.

seguro privado	médico de cabecera/familia	tarjeta sanitaria
receta	ambulatorios	clínica privada

La Sanidad Pública advierte de que no hay que acudir al médico por pequeños resfriados que no necesitan ninguna (1)_____ médica porque eso colapsa los (2)_____, los centros de asistencia primaria. También advierte de que las salas de urgencias de los hospitales están destinadas a atender los problemas urgentes de salud, y no cualquier dolencia que puede ser tratada en esos centros de asistencia primaria de nuestro barrio o pueblo.

Cuando necesitamos ser visitados por un médico especialista: un traumatólogo, un oftalmólogo, un ginecólogo, un dermatólogo..., nuestro (3)_____ de la Seguridad Social nos envía al especialista del hospital. Estas citas se conciertan por medio de un ordenador al que tiene acceso el personal administrativo de los centros de salud. Pero también podemos solicitar personalmente una visita en una (4)_____. En este caso no nos pedirán la (5)_____ de la Seguridad Social, sino la de un (6)_____. Si no tenemos ninguno, tendremos que pagar la visita.

CAPÍTULO CUARTO

◄7   Aurora contaba más de noventa años cuando decidió que quería ingresar en una residencia para ancianas. Víctor y Julia tenían mala conciencia por no ofrecerse a tenerla en casa con ellos, pero la verdad es que no se sentían con fuerzas para hacerlo. Aurora era vieja de cuerpo, pero no de espíritu, y aunque ya no podía cuidar de sí misma, seguía teniendo un carácter difícil.

Instalada en el hogar de ancianas, Aurora continuó siendo una mujer rara. En pleno invierno, llevaba blusas de manga corta, mientras que sus compañeras iban muy abrigadas a pesar de la calefacción. Ella casi siempre protestaba porque la comida no le gustaba, leía libros mientras las otras miraban la televisión, diariamente salía a la calle para dar un paseo y solía llegar tarde para la cena. Aurora rechazaba a menudo el desayuno de la residencia, se iba al bar de la esquina y pedía pan con tomate, jamón y un café con leche.

La suegra de Julia se hizo muy popular entre la clientela del bar. No era frecuente ver a una mujer tan mayor conversando con claridad, leyendo el periódico que el dueño del bar compraba para los clientes habituales y moviéndose con tanta energía. Aurora tenía demasiada energía, según Julia supo más tarde.

En un rincón del bar había una mesa con un tablero de ajedrez[1]. Servía para organizar campeonatos entre amigos, o simplemente para que algunos de los clientes jugaran una partida. Siempre eran hombres, tanto los jugadores como los espectadores. Al parecer, a las mujeres no les interesaba el ajedrez, excepto a la suegra de Julia. Aurora, después de disfrutar con el pan, el jamón y el café con leche, solía acercarse a los jugadores, coger una silla y sentarse a observar. No obstante, le costaba permanecer callada.

—Usted ni una palabra, ¿eh? —le avisaba uno de los jugadores, acostumbrado a las intervenciones de Aurora.

—Claro que no diré nada. Ya sé que este juego es cosa de mudos[2] —prometía, ligeramente molesta por la advertencia.

Pero Aurora se impacientaba cuando la partida se hacía larga y aburrida.

—¿Por qué está usted pensando tanto rato? —preguntaba de pronto—. ¿No ve que con el alfil puede hacer jaque al rey?

—¡Maldita sea!… —se enfadaban tanto los jugadores como los que miraban la partida—. ¿Por qué no se marcha usted de una vez a su residencia del demonio?…

—Un poco de respeto —intervenía alguien—. ¿No veis que es una abuela?

---

[1] *Ajedrez*: es un juego de mesa. Participan dos jugadores, cada uno tiene 16 piezas (o blancas o negras), la figura más importante es la que representa al rey.

[2] *Cosa de mudos*: Aurora es irónica. «Mudo» es una persona que no puede hablar.

—Sí, ¡menuda abuela!... —se quejaba uno de los hombres, moviendo el alfil.

—¡Oye, que esto no vale!... Te lo ha dicho ella —protestaba el otro.

Y Aurora se frotaba las manos divertida, mirando a unos y a otros. Hasta que un día se pasó de la raya.

Era una partida muy larga, no se acababa nunca. Los dos contrincantes eran lentos, inexpertos. Aurora no dijo nada durante mucho rato, pero al fin su carácter estalló.

—¡Basta ya! —exclamó y, de un manotazo, derribó las piezas del tablero. Luego, se echó a reír.

Hubo unos instantes de silencio, todos los hombres conteniendo la respiración. Pero al cabo de unos instantes, estallaron la furia, el alboroto, los comentarios.

—¡Cómo es posible!... ¿Qué se ha creído esta mujer?... ¡Yo la mato!...

Durante breves segundos, Aurora se sintió amenazada y tuvo miedo. Parecía que iban a pegarle.

—¡Alto ahí!... ¿Estáis todos locos? —gritó uno de los clientes, poniéndose delante de Aurora para protegerla—. ¿No veis que es una anciana?... No lo puedo creer.

—¡Yo, no lo puedo creer!... —dijo uno de los jugadores—. ¿Cómo es posible que esta mujer nos haya desmontado la partida?

El hombre, haciendo esfuerzos para calmarse, volvió a sentarse en su silla, con la cabeza entre las manos. Y contemplando las piezas volcadas sobre la mesa, aún añadió:

—Nunca había visto nada igual... Sí, esta mujer tiene suerte de ser una vieja, porque si no...

Aurora hizo un gesto para librarse de los brazos del hombre que la había defendido.

—¡Todos ustedes son un puñado de tontos!... —exclamó. Y yendo hacia la salida, agregó:

—Que lo pasen bien, y a ver si por fin aprenden a jugar.

Así se lo contó a su nuera, con toda fidelidad y riéndose a carcajadas. Julia ya era abuela y, Aurora, bisabuela, pero nada había cambiado en cuarenta años. La suegra continuaba sorprendiendo a la nuera, y ésta callaba ante las ocurrencias de la suegra.

◄8   Julia solía pensar que su suegra llegaría a cumplir cien años. Sin embargo, Aurora comenzó a sentirse verdaderamente enferma recién cumplidos los noventa y ocho. Padecía una enfermedad del corazón que le producía cansancio y que le impedía respirar bien. Le faltaba aire, y pedía que la sacaran de la habitación porque necesitaba un aire más limpio. Aurora no reconocía que tenía un problema de salud, sino que decía que la culpa era de la habitación donde estaba.

Una ambulancia la trasladó hasta el hospital, donde quedó ingresada, y donde continuó pidiendo un lugar con aire puro para poder respirar. Por primera vez, Víctor y Julia veían a Aurora como una mujer acabada, por los años y, sobre todo, por la enfermedad. Una posibilidad era operarla, pero se necesitaba anestesia general y, siendo Aurora tan anciana, existía el riesgo de provocarle un problema mental sin solución.

Julia era incapaz de imaginar a su suegra perturbada. Una Aurora sin carácter, ni voluntad, ni memoria; sin saber en qué sitio estaba, ni si llovía o hacía sol, si era invierno o verano, si sus nietas iban a visitarla o no.

—No quiero que mi madre deje de ser ella misma —dijo Víctor, coincidiendo así con las reflexiones de Julia.

Ambos estaban sentados en el consultorio del cardiólogo del hospital, esperando. Y podían imaginarse a Aurora en su habitación, luchando por respirar con la ayuda de una mascarilla de oxígeno. Se abrió la puerta y entró el médico, un hombre ya maduro de aspecto amable. De todas las explicaciones que les dio, una frase resultó decisiva para Víctor y Julia:

—Si fuera mi madre, yo la dejaría tranquila —dijo el doctor.

Se trataba de dejar a Aurora morir en paz, sin manipular su cuerpo y con su mente intacta. Aurora regresó a la residencia de ancianas en ambulancia, conservando toda su personalidad hasta pocas horas antes de fallecer. Los calmantes que le habían recetado en el hospital sirvieron para tranquilizarla en sus últimos momentos. Víctor y Julia, sentados uno a cada lado de la cama, tomaban la mano de Aurora entre las suyas mientras la veían respirar cada vez más suavemente. Pensaban que aquel contacto le daba seguridad, le hacía sentir que no estaba sola. Y el rostro[3] de Aurora se fue dulcificando, algo que no había ocurrido en toda su vida, hasta que lanzó un último y profundo suspiro.

◄9   Tanto los familiares como los conocidos opinaban que Aurora había tenido una existencia plena y un final tranquilo. Sin embargo, Julia no estaba tan segura de eso último. Al día siguiente de su muerte, cuando comenzaron los preparativos para el entierro, la cara de Aurora había perdido la serenidad con que se había despedido de este mundo. Vestida de blanco, el cabello peinado como de costumbre, su rostro mostraba ahora una expresión de enfado.

—Está cambiada —dijo Víctor—. Seguro que han sido los de la funeraria[4] al arreglarla.

Sí, aquélla podía ser una explicación anatómica, pero Julia no dejaba de pensar en otra causa. Seguro que Aurora estaba enojada.

Por primera vez en su vida, Aurora no había podido decidir, no había podido determinar cómo quería morir. Otras personas habían elegido por ella: los médicos, Víctor, Julia; y la muerte misma, acercándose sin haberla llamado. Quizás Aurora habría preferido una operación, arriesgándose a perder la razón. Era cierto que había muerto sin dolor y con una pequeña sonrisa en

---

[3] *Rostro*: la cara.

[4] *Funeraria*: empresa que se encarga de los preparativos para despedir a los muertos: el coche, el traslado hasta el cementerio…

los labios, pero en definitiva, no había sido dueña de su muerte, ella que siempre había sido dueña de su vida.

Pasados unos días, Julia fue a la residencia para recoger las cosas de la habitación de Aurora. Entregó la ropa de su suegra a la directora del centro, que la repartió entre las otras mujeres residentes, y luego Julia miró en los cajones de la mesita de noche. Encontró algunos dulces, un paquete de galletas, unas postales, algunos libros, entre los cuales uno llamó la atención de Julia. *Historia de la peseta*, se titulaba, y probablemente era el libro que Aurora estaba leyendo cuando tuvo que ingresar en el hospital. Julia no tenía la menor idea de cómo aquella obra había llegado a manos de su suegra. Por otra parte, ¿qué interés podía tener la historia de una moneda? Además, una moneda que ya había desaparecido al ser sustituida por el euro en el año 2002.

Julia se sentó en la cama y pasó algunas páginas del libro. Consideró que debía de ser bastante aburrido, pero comprendía a su suegra. De igual manera que Aurora había llevado tirabuzones durante años para conservar el recuerdo feliz de su infancia, leyendo aquel libro se había rebelado contra la introducción del euro. Una moneda nueva que no tenía ningún significado para ella. Conocer el camino que había hecho la peseta desde 1868, año en que fue creada, era la última extravagancia de Aurora.

Cuando Julia se levantó, algo cayó de entre las páginas del libro. Era una amarillenta fotografía en blanco y negro, no muy grande, antigua y con los bordes gastados. En ella aparecía Aurora entre sus dos hermanas mellizas, las tres muy jóvenes, sentadas en la rama de un árbol enorme y riendo mientras el viento levantaba la falda de sus vestidos.

Julia, temblorosa, guardó la fotografía en su bolso. Tenía los ojos húmedos. Aún le costaba creer que Aurora y sus genialidades se habían acabado para siempre. Su suegra seguiría viva en aquella imagen alegre y juvenil, y seguiría existiendo en la memoria de Julia.

A continuación aparece una pequeña selección de las actividades
que pertenecen a los apartados *Así lo dice el texto, Así lo sugiere
el texto, Más datos sobre la historia,* que encontrará en el soporte
informático. Le recomendamos hacer todos los ejercicios variados que allí
se proponen. También podrá contrastar sus respuestas en el solucionario.

1. COMPRENSIÓN DE LA LECTURA

A) **En estos textos se resumen algunas ideas principales del
capítulo. Completarlos con las palabras que aparecen en los
recuadros en el lugar adecuado.**

por ejemplo	mientras que	por eso
ya que	también	mientras

Aurora ya era una mujer muy mayor. Tenía más de noventa años y
no podía cuidar de sí misma, (1)_____ decidió ingresar en una
residencia de la Tercera Edad. En aquel hogar de ancianas, Aurora seguía
siendo un poco especial (2)_____ hacía cosas que ninguna de
las otras residentes hacía. (3)_____, se ponía blusas de manga
corta cuando hacía frío en invierno (4)_____ sus compañeras
iban muy abrigadas a pesar de la calefacción. (5)_____ solía
desayunar en un bar que estaba cerca de la residencia, porque le gustaba
tomar un café con leche, pan con tomate y jamón (6)_____ leía
el periódico o hablaba con los clientes habituales del bar.

lo que	a quien	que

En aquel bar, había algunos hombres (7)_____ jugaban par-
tidas de ajedrez. Aurora no participaba como jugadora, aunque siempre
daba instrucciones a los que jugaban, (8)_____ no se puede
hacer en ese tipo de juego. Un día, Aurora se pasó de la raya: tiró todas
las piezas de ajedrez de un manotazo, provocando un gran alboroto en el
bar. Todo aquello se lo contó a su nuera Julia, (9)_____ siempre sorprendía con su comportamiento.

B) Otras preguntas sobre el texto.

1. ¿A qué edad empezó Aurora a sentirse muy enferma?
2. ¿Qué tipo de enfermedad tenía Aurora?
3. ¿Cuáles eran los síntomas de la enfermedad?
4. ¿Qué podía ocurrirle a Aurora si la operaban?
5. ¿Qué recomendó el médico cirujano?
6. Cuando Aurora murió, ¿por qué Julia pensaba que el final de su suegra no había sido tranquilo?
7. Según su opinión, ¿Aurora hubiera preferido la eutanasia?

C) Completar el resumen del final de la historia con la palabra que falta.

«Pasados unos días, Julia fue a la residencia para recoger las cosas de la habitación de Aurora». Julia se sentó en la (1)_____ de la habitación de Aurora y encontró en un cajón de la (2)_____ un libro que trataba de la historia de la peseta, la (3)_____ española anterior al euro. Al parecer, Aurora lo estaba leyendo antes de ingresar en el (4)_____. Cuando Julia se levantó de la cama, una fotografía que estaba entre las páginas del libro cayó al (5)_____. En aquella foto se veía a Aurora y a sus (6)_____ mellizas de niñas. Al mirar la foto, Julia se emocionó. Nunca podría olvidar a su (7)_____, ni su forma de ser tan especial.

2. LOS CAMBIOS EN LA VIDA SON INEVITABLES

«Julia conoció a su suegra a los dieciocho años. En aquel entonces no podía imaginar que Aurora llegaría a ser verdaderamente una anciana, y que entonces ella, Julia, ya mayor, todo lo vería distinto». Completar las frases con los verbos del recuadro en el lugar adecuado, conjugándolos si es necesario.

Poner(se)	Convertir(se)	Llegar a ser

a. Aurora _____ realmente enferma cuando cumplió los noventa y ocho años.

b. Aurora _____ una anciana casi centenaria.

c. Los hombres que jugaban al ajedrez en el bar _____ furiosos cuando Aurora tiró todas las piezas del tablero.

d. Aurora _____ en una de las personas más conocidas del barrio.

e. La enfermedad y la vejez no consiguieron _____ a Aurora en una persona diferente.

f. Julia _____ muy triste cuando murió su suegra.

g. Aurora _____ bisabuela.

h. Aurora _____ en bisabuela cuando su primera nieta tuvo al primer hijo.

3. ALBA, UNA DE LAS NIETAS DE AURORA,

explica una de las recetas que su abuela le preparaba a ella y a su hermana cuando eran pequeñas. Escribir los verbos del recuadro en el lugar adecuado del texto, en infinitivo o en imperativo según corresponda.

preparar	echar	quemar	cortar	rebozar
cascar	mojar	batir	freír	

Las torrijas de Aurora

Alba tenía ya treinta y un años cuando su abuela murió. Tanto ella como su hermana Susana habían compartido con Aurora un sentido del humor muy parecido, siempre se habían llevado bien. De mayores, las nietas visitaban a la abuela con frecuencia, y muchas veces se quedaban a comer o a cenar en casa de Aurora, a quien le encantaba cocinar divertidas recetas añadiendo su toque personal. Una de las recetas que Alba recordaba haber aprendido de su abuela era la de las torrijas.

—¿Queréis que os prepare torrijas para desayunar? —preguntó Alba a sus hijos un lunes por la mañana.

—¿Qué son torrijas? —preguntó su hijo Iván de casi cinco años.

—Ahora lo sabréis. Venid, vamos a prepararlas juntos. Primero, hay que (1)_____ unas rebanadas de pan. Eso ya lo hago yo.

Mientras Alba cortaba las rebanadas de pan, Iván y Mar fueron a buscar dos taburetes para llegar mejor a la mesa de la cocina donde su madre empezaba a (2)_____ las torrijas.

—¿Veis?, este pan de ayer es el mejor para hacer torrijas. Si está un poco duro, mejor. Iván, ¿puedes sacar un par de huevos de la nevera? Y también el cartón de leche. Ten cuidado, que no se te caigan los huevos.

—Mamá, las quiero hacer yo —interrumpió Mar, de tres años y medio.

—¡Y yo también! —añadió Iván.

—Sí, sí, las vamos a hacer entre los tres. A ver, Iván, (3)_____ tú los huevos y (4)_____ los con este tenedor en este recipiente. Ya pongo yo la sal. Mar, (5)_____ un poco de leche en este otro recipiente.

Después de (6)_____ el pan en la leche y después de (7)_____ lo con los huevos batidos, Alba echó el ingrediente secreto: un poco de canela.

—Ahora voy a (8)_____ las rebanadas en la sartén, con aceite bien caliente. No os acerquéis al fuego, que os podéis (9)_____.

Alba frió las rebanadas y las puso en un plato con un papel absorbente para eliminar el exceso de aceite. Después, las sirvió en una bandeja y les echó azúcar blanco por encima.

—¡Qué buenas!

—Yo quiero otra —dijo Mar, a quien normalmente le costaba desayunar antes de ir al colegio.

—Esta receta la aprendí de vuestra bisabuela.

CAPÍTULO PRIMERO

1 **a)**
1. ▸ suegra
2. ▸ tipo
3. ▸ peinado
4. ▸ películas

5. ▸ adolescencia
6. ▸ juventud
7. ▸ único
8. ▸ cachivaches

b)
1. ▸ Café, té, café con leche
2. ▸ Porque se había terminado y Aurora había olvidado comprarlo
3. ▸ A casa de una vecina
4. ▸ Libros, jarrones, macetas, todo tipo de cachivaches
5. ▸ Encendió una lámpara y bajó la persiana
6. ▸ El día de la boda de Víctor y Julia
7. ▸ Pocos años después de casarse

c)   ▸ Respuesta libre

d)
1. ▸ tenía buen tipo
2. ▸ lloraba a lágrima viva
3. ▸ en su regazo
4. ▸ películas de época

2
1. ▸ invitados
2. ▸ vestido de novia
3. ▸ iglesia
4. ▸ familiares
5. ▸ cola

6. ▸ joyas
7. ▸ pasillo
8. ▸ marcha nupcial
9. ▸ sacerdote
10. ▸ pareja

CAPÍTULO SEGUNDO

1 **A)** a. ▸ leer / hojas / observar / oír
         b. ▸ cafetería / desayuno
         c. ▸ casarse / viudo
         d. ▸ plena / aburrido
         e. ▸ desanimado
         f. ▸ segundo

     g. ▸ casa / quedar
     h. ▸ pulseras / nietas
     i. ▸ excursión / jaula
     j. ▸ árbol / hadas
     k. ▸ oro

   B) a. ▸ instituto
         b. ▸ sentirse
         c. ▸ problema

2 a. ▸ está de vacaciones
    b. ▸ está jubilada
    c. ▸ está en paro
    d. ▸ está de baja

3 1. ▸ aficiones
    2. ▸ descansar
    3. ▸ leer
    4. ▸ película
    5. ▸ practicar
    6. ▸ nadar
    7. ▸ tomar
    8. ▸ esquiar

    9. ▸ cartas
   10. ▸ coleccionar
   11. ▸ tocar
   12. ▸ ahorrar
   13. ▸ arreglar
   14. ▸ adornar
   15. ▸ ocio

CAPÍTULO TERCERO

1 **A)** ▸ b-d-a-e-h-g-c-f.

B) a. ▸ tersos, firmes, suave, arrugas
b. ▸ telegrafista
c. ▸ había inscrito

C) 1. ▸ enfriar
2. ▸ nevera
3. ▸ grifo
4. ▸ derrochaba
5. ▸ calentar
6. ▸ rarezas
7. ▸ discutir
8. ▸ anciana

2 a. ▸ gripe
b. ▸ resfriado
c. ▸ alergia
d. ▸ afónico-a
e. ▸ indigestión
f. ▸ tortícolis
g. ▸ esguince
h. ▸ agujetas

3 1. ▸ receta
2. ▸ ambulatorios
3. ▸ médico de familia
4. ▸ clínica privada
5. ▸ tarjeta sanitaria
6. ▸ seguro privado

CAPÍTULO CUARTO

1

a)
1. ▸ por eso
2. ▸ ya que
3. ▸ por ejemplo
4. ▸ mientras que
5. ▸ también
6. ▸ mientras
7. ▸ que
8. ▸ lo que
9. ▸ a quien

b)
1. ▸ a los 98 años
2. ▸ una enfermedad del corazón
3. ▸ cansancio, dificultad para respirar
4. ▸ la operación podría provocarle un problema mental sin solución
5. ▸ no operarla
6. ▸ porque pensaba que Aurora estaba enfadada ya que no pudo decidir su propia muerte
7. ▸ Respuesta libre

c)
1. ▸ cama
2. ▸ mesita de noche
3. ▸ moneda
4. ▸ hospital
5. ▸ suelo
6. ▸ hermanas
7. ▸ suegra

2
a. ▸ se puso
b. ▸ llegó a ser
c. ▸ se pusieron
d. ▸ se convirtió
e. ▸ convertir
f. ▸ se puso
g. ▸ llegó a ser
h. ▸ se convirtió

3
1. ▸ cortar
2. ▸ preparar
3. ▸ casca
4. ▸ báte
5. ▸ echa
6. ▸ mojar
7. ▸ rebozar
8. ▸ freír
9. ▸ quemar

colección lector.es
LECTURAS GRADUADAS

La suegra de Julia (B1)

Incomprensión (B2)

El juego de té (A2)